HERRICK PUBLIC LIBRARY(HOL)

Libros en Español
Books in Spanish

MAY 19 1993

Los animales

Los tiburones

Donna Bailey

¿Sabías que los tiburones no tienen
huesos como otros peces?
El esqueleto de los tiburones está formado
por un fuerte cartílago de color blanco.
Los humanos tenemos cartílago en las orejas.

El cuerpo de los tiburones está cubierto de una
piel dura y correosa que les protege de
los ataques de otras criaturas.
Unos pececillos llamados rémoras se pegan
a los tiburones y comen los parásitos
que crecen en la piel del tiburón.

Los tiburones son buenos nadadores.
Pero no pueden mover las aletas ni
usarlas como freno, como otros peces.
Los tiburones no pueden parar ni retroceder.

Los tiburones tienen un sentido del olfato muy
bueno que usan para cazar.
Huelen la sangre en el agua
a más de dos kilómetros de distancia y
nadan directamente hacia ella.

Los tiburones también oyen muy bien.
Además, tienen sensores a lo largo del cuerpo.
Con los sensores notan los pequeños
movimientos del agua que produce
un banco de peces.

Cuando los tiburones han encontrado a su presa, utilizan su aguda vista en los últimos momentos del ataque.
Primero hacen un círculo alrededor de la víctima y luego se lanzan a toda velocidad sobre ella.

Si la presa es pequeña, los tiburones
la atrapan entre sus poderosas mandíbulas.
Si es más grande, arrancan un trozo de carne.
Excitados por el olor de la sangre,
los tiburones vuelven una y otra vez
hasta despedazar a su víctima.

Si varios tiburones cazan en grupo,
se excitan tanto con el olor de la sangre
que les da una especie de locura.

Los tiburones nadan en círculos y
se lanzan una y otra vez.
Los tiburones se excitan más y
muerden todo lo que tienen a su alcance.
Incluso atacan a otros tiburones del grupo.

Los tiburones tienen decenas de dientes
ordenados en filas en
sus poderosas mandíbulas.
Pero el tiburón sólo usa una fila a la vez.
Los demás dientes están tumbados hacia atrás
y protegidos por una capa de carne.

Los tiburones tienen los dientes poco firmes y a veces los pierden en sus ataques. Los dientes nuevos de la segunda fila sustituyen a los que se han caído.

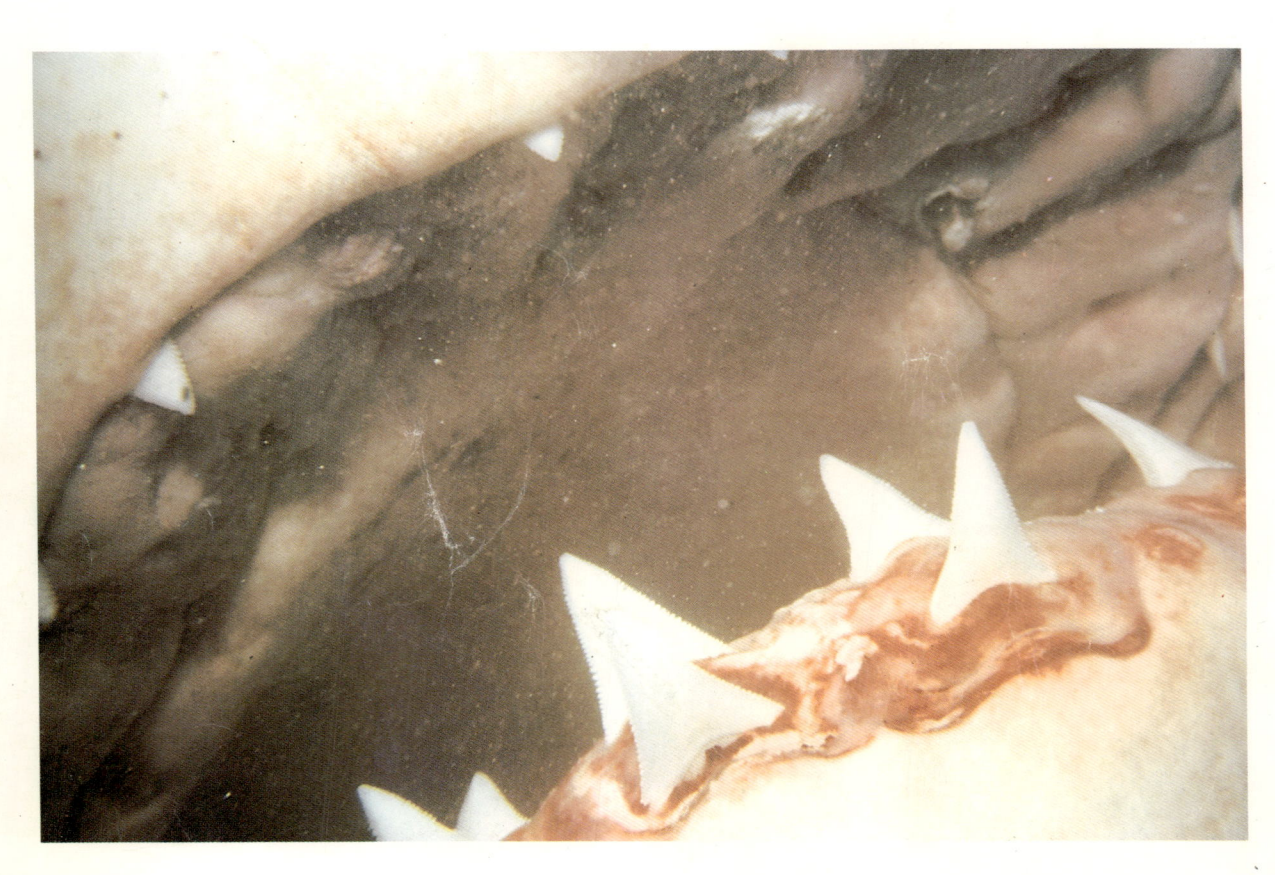

Para morder de frente a su presa, el tiburón eleva el morro.
Mueve sus mandíbulas hacia fuera y hacia delante.

Muchos tiburones nadan con la boca abierta.
El agua entra por la boca y el tiburón toma el oxígeno que pasa por las branquias.
Luego abre las branquias que tiene a los lados de la cabeza para expulsar el agua.

Si el tiburón está quieto mucho tiempo,
se ahogará por falta de oxígeno
al no pasar agua por sus branquias.
Por eso la mayoría de los tiburones nunca
descansa, sino que nada todo el tiempo.

A este tiburón nodriza no le hace falta nadar para respirar.
Puede bombear el agua hasta las branquias mientras está acostado en el fondo del mar.

El tiburón nodriza prefiere estar quieto
en el fondo del mar.
Ahí descansa y espera a que los cangrejos y
los peces estén al alcance de su boca.
Si le molestan, el tiburón nodriza ataca
a los nadadores.

Existen unos 300 tipos diferentes de tiburón.
Viven en la mayoría de los océanos del mundo.
El más grande, el tiburón ballena, puede medir
15 metros de largo y pesar varias toneladas.
Es más bien inofensivo.
Se alimenta de crustáceos pequeños
que filtra del agua mientras nada.

Mucha gente cree que todos los tiburones son criaturas peligrosas que atacan y matan a las personas.
En realidad sólo hay unos treinta tipos de tiburones peligrosos.
El más peligroso es el tiburón blanco.

Los buzos llevan trajes protectores especiales cuando saben que van a encontrarse con un tiburón blanco.

20

Los tiburones blancos tratan a veces de atacar a los buzos que van dentro de una jaula de buceo. Muerden los barrotes de la jaula intentando alcanzar al buzo.

Los tiburones nadan lejos y rápido.
Van cerca de la superficie del agua y se alimentan con los bancos de peces.
El más veloz es el tiburón mako que puede nadar a una velocidad de 95 kilómetros por hora.

Algunos tiburones, como el tiburón blanco, prefieren viajar y cazar solos.
A otros, como estos tiburones de los arrecifes, les gusta más cazar juntos.

Los tiburones azules recorren cientos de kilómetros entre sus comederos de verano y los de invierno.
Siguen a los bancos de peces y de calamares. Este tiburón azul está comiendo calamares.

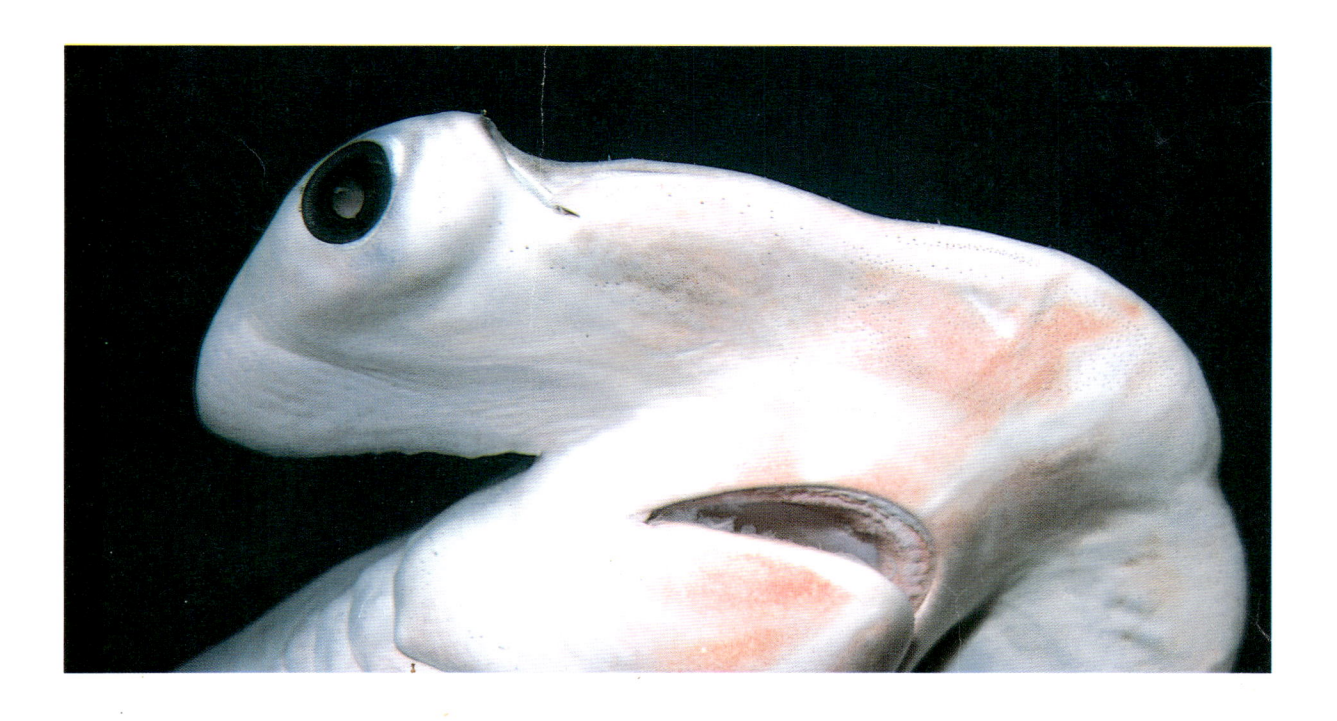

Este tiburón tan raro se llama pez martillo y vive tanto en las profundidades como en aguas menos profundas.

Tiene la cabeza en forma de T, como un martillo. Los ojos y los orificios respiratorios están situados a cada extremo del martillo.

El tiburón tigre prefiere aguas menos profundas.
Su piel tiene unas manchas poco corrientes.
Cuando es una cría, tiene manchas
en el lomo, como las del leopardo.

Al crecer, las manchas se convierten en rayas, como las del tigre.
Más adelante, las rayas desaparecen.

El tiburón hinchado tiene manchas
para poder esconderse entre las piedras
del fondo, en aguas poco profundas.

La mayoría de los tiburones nacen vivos
pero hay algunos tipos que salen de huevos.
El embrión del tiburón hinchado crece
dentro de una bolsa dura y correosa.
Este embrión tiene un mes.

A los tres meses el embrión ya tiene
ojos y cola.
El embrión está unido a la bolsa vitelina,
de la que va alimentándose.

Entre los ocho y los diez meses, el pequeño tiburón sale del huevo.

La cría tiene en la espalda una doble fila de dientes grandes y puntiagudos.

Con estos dientes abre la bolsa que le encierra.

La madre tiburón no cuida a sus crías.

Al principio la cría sigue alimentándose de la bolsa vitelina.

Pero pronto empieza a cazar su comida y a valerse por sí misma.

Índice

aletas 4
boca 14, 17
bolsa vitelina 30, 32
branquias 14, 15, 16
calamares 24
cartílago 2
caza 5, 9, 23, 32
dientes 11, 12, 31
esqueleto 2
huevos 29, 31
locura 9
manchas 26, 27, 28
mandíbulas 8, 11, 13
olfato 5
oxígeno 14, 15
pez martillo 25

piel 3, 26
presa 7, 8, 13
rémora 3
respiración 16
sangre 5, 8, 9
sensores 6
tiburón azul 24
tiburón ballena 18
tiburón blanco 19, 20, 21, 23
tiburón de los arrecifes 23
tiburón hinchado 28, 29
tiburón mako 22
tiburón nodriza 16, 17
tiburón tigre 26, 27
vista 7

Executive Editor: Elizabeth Strauss
Project Editor: Becky Ward

Picture research by Jennifer Garratt
Designed by Richard Garratt Design

Photographs
Cover: Planet Earth Pictures (Herwarth Voigtmann)
Ardea London Limited: title page, 5, 6, 8, 10, 11, 15, 23 (Ron & Valerie Taylor)
OSF Picture Library: 3 (J. Barnett); 12 (Kim Westerkov); 17 (J. E. Paling)
Planet Earth Pictures: 2, 7, 18, 19, 20, 21, 22, 24 (Marty Snyderman); 4 (Kurt Amsler); 9 (Mark Conlin); 14 (Doug Perrine); 16, 27, 28 (Kenneth Lucas); 29, 30, 31, 32 (A. Kerstich); 25 (Warren Williams)
Seaphot Limited: 13 (Herwarth Voigtmann); 26 (Christian Petron)

Library of Congress Cataloging-in-Publication Data: Bailey, Donna. [Sharks. Spanish] Los tiburones / Donna Bailey. p. cm.—(Los animales) Translation of: Sharks. Includes index. SUMMARY: Studies the physical characteristics, behavior, and life cycles of different kinds of sharks. ISBN 0-8114-2658-0 1. Sharks—Juvenile literature. [1. Sharks. 2. Spanish language materials.] I. Title. II. Series. QL638.9.B3318 1991 597′.31—dc20 91-23777 CIP AC

ISBN 0-8114-2658-0
Copyright 1992 Steck-Vaughn Company
Original copyright Heinemann Children's Reference 1991
All rights reserved. No part of the material protected by this copyright may be reproduced or utilized in any form or by any means, electronic or mechanical, including photocopying, recording, or by any information storage and retrieval system, without permission in writing from the copyright owner. Requests for permission to make copies of any part of the work should be mailed to: Copyright Permissions, Steck-Vaughn Company, P.O. Box 26015, Austin, Texas 78755. Printed in the United States of America.

1 2 3 4 5 6 7 8 9 0 LB 97 96 95 94 93 92